GANZ SCHÖN

Oscar Wilde

EINE LITERARISCHE REISE

arsEdition

5
Der wilde Oscar

6
Das Leben ist eine Bühne

24
Die schönen Künste

32
Wahre Freunde

38
Die liebe Gesellschaft

48
Die Seele eines Träumers

56
Mit Witz und Verstand

66
Unglaubliches

70
Liebe ist das Größte

80
Von Göttinnen und Göttern

88
Der Zauber der Schönheit

94
Brief an Carlos Blacker

Der wilde Oscar

Oscar Wilde, der mit vollem Namen Oscar Fingal O'Flahertie Wills Wilde hieß, wurde am 16. Oktober 1854 in Dublin geboren und ist einer der bedeutendsten irischen Schriftsteller. Der eindrucksvolle Roman »Das Bildnis des Dorian Gray«, die elegante Komödie »Ernst sein ist alles«, oder zauberhafte Kunstmärchen wie »Der Glückliche Prinz« gehören zu seinen bekanntesten Werken.

Wilde war ein Anhänger des Ästhetizismus, der Kunst und eines Lebens nur der Schönheit willen, was ihn zu einem bekennenden Dandy machte: ein Mann, der Wert auf kultivierte Kleidung legte und durch wortgewandten Witz und Verstand brillierte. Das spiegelt sich auch in seinen Werken wider, die für geistreiche, schlagfertige Dialoge mit einem scharfen Blick auf das Leben bekannt sind.

1895 wurde der Familienvater wegen Homosexualität und Unzucht zu zwei Jahren Haft verurteilt. Nach Verbüßung dieser Strafe verließ er England verarmt und gebrochen und lebte bis zu seinem Tod am 30. November 1900 in Paris.

Eine kleine, aber feine Auswahl aus Oscar Wildes außergewöhnlichen Erzählungen lädt in diesem Lesebuch ein zum Schmunzeln und Schmökern und eröffnet eine Welt voller überraschender Wendungen und schalkhafter Momente.

»Ich halte den Dandy für einen äußerst interessanten Typ, sowohl vom künstlerischen wie auch vom psychologischen Standpunkt aus. Er scheint mir auf jeden Fall weitaus interessanter als der Spießer.«

Oscar Wilde

Das Leben ist eine Bühne

Wirklich zu leben ist das Kostbarste
auf der Welt. Die meisten Menschen
existieren bloß, sonst nichts.

Die erste Pflicht im Leben besteht darin,
so künstlich wie möglich zu sein.
Worin die zweite Pflicht besteht,
hat noch niemand herausgefunden.

Meiner Ansicht nach
ist das Geheimnis des Lebens überhaupt,
die Dinge sehr, sehr leicht zu nehmen.

Das Lebensziel,
wenn man eins hat, ist einfach,
stets nach Versuchungen
Ausschau zu halten.
Es gibt nicht annähernd genug.
Mitunter verbringe
ich einen ganzen Tag,
ohne auch nur auf
eine einzige zu stoßen.
Das ist ganz fürchterlich.
Das macht einen so nervös
wegen der Zukunft.

Nichtstun ist die
allerschwierigste Beschäftigung
und zugleich diejenige,
die am meisten Geist voraussetzt.

Man steht so früh auf,
weil man so viel zu tun hat,
und man legt sich so früh zu Bett,
weil man so gar nichts
zu denken hat.

Als ich jung war, glaubte ich,
Geld sei das Wichtigste im Leben,
jetzt wo ich alt bin, weiß ich,
dass es das Wichtigste ist.

Ich bin durchaus nicht zynisch,
ich habe nur Erfahrung –
und das ist so ziemlich dasselbe.

Erfahrungen sind Maßarbeit.
Sie passen nur dem, der sie macht.

Es ist keineswegs egoistisch, an sich zu denken.
Wer nicht an sich denkt, denkt überhaupt nicht.
Es ist äußerst egoistisch, von dem Mitmenschen
zu verlangen, dass er in derselben Weise denken,
dieselben Meinungen haben soll.
Warum sollte er das? Wenn er denken kann,
wird er wahrscheinlich verschieden denken.
Wenn er nicht denken kann, ist es lächerlich,
überhaupt Gedanken irgendwelcher Art von
ihm zu verlangen.

Egoismus besteht nicht darin, dass man
sein Leben nach seinen Wünschen lebt,
sondern darin, dass man von anderen verlangt,
dass sie so leben, **wie man es wünscht.**

ICH WEISS, DASS ES SO
ETWAS WIE »SEIN LEBEN
ÄNDERN« NICHT GIBT:
MAN DREHT SICH NUR
BESTÄNDIG INNERHALB
DES KREISES DER EIGENEN
PERSÖNLICHKEITEN.

Ich habe einen ganz
einfachen Geschmack:
Ich bin immer mit
dem Besten zufrieden.

Eigentlich sage ich gewöhnlich, was ich denke. Heutzutage ein großer Fehler. Man setzt sich so sehr der Gefahr aus, verstanden zu werden.

Ich bin dieser Geistreichelei sterbensüberdrüssig. Jeder ist heutzutage geistreich. Du kannst nirgendwohin gehen, ohne **geistreiche** Leute zu treffen.
Das ist förmlich zu einer öffentlichen Plage geworden. Ich wünschte zum Himmel, wir hätten noch ein paar Dummköpfe übrig behalten.

In mir wächst eine leidenschaftliche Liebe zu allem Geheimnisvollen. Für mich ist das die einzige Möglichkeit, dem modernen Leben den Schein des Rätselhaften und Wunderbaren zu erhalten. Die alltäglichste Begebenheit wird zauberhaft, wenn man sie vor den anderen verborgen hält.
Ich sage auch nie, wohin ich fahre, wenn ich verreise. Mein ganzes Vergnügen wäre dahin, wenn ich es täte. Möglich, dass es töricht ist, aber mir bringt diese Gewohnheit ein wenig Romantik ins Leben.

Mode ist so unerträglich hässlich,
dass wir sie alle Halbjahre ändern müssen.

Die Tragödie des Alters liegt nicht darin,
dass man alt ist, sondern dass man jung ist.

Wenn man etwas Unangenehmes zu sagen hat,
sollte man stets ganz aufrichtig sein.

Ich verstehe nicht,
weshalb man
so viel Wesens
um die Technik des
Komödienschreibens
macht. Man braucht
doch nur die Feder
in ein Whisky-Glas
zu tauchen.

Leben ist eine Bühne,

aber das Stück

ist schlecht besetzt.

Seine eigenen **Erfahrungen** bedauern heißt, seine eigene Entwicklung aufhalten.

Unzufriedenheit ist der erste Schritt zum Erfolg.

Was uns als eine **schwere Prüfung** erscheint, erweist sich oft als Segen.

Ich kenne eine Menge Leute, die
hunderttausend Dollar hergeben würden,
um einen Großvater zu besitzen, und noch
viel mehr für ein Familiengespenst.

Die einzige Pflicht, die wir der Geschichte
gegenüber haben, ist, sie umzuschreiben.

Günstige Winde kann
nur der nutzen, der weiß,
wohin er will.

LORD ILLINGWORTH. Heutzutage sind die Menschen derart oberflächlich, dass sie die Philosophie der Oberflächlichkeit nicht begreifen. Übrigens, Gerald, Sie sollten lernen, Ihre Krawatte besser zu binden. Bei der Auswahl der Blume fürs Knopfloch dürfen Sie Ihrer Neigung freien Lauf lassen. Aber das Ausschlaggebende bei einer Krawatte ist der richtige Stil. Eine gut gebundene Krawatte ist der erste bedeutsame Schritt ins Leben.

Aus: Frau ohne Bedeutung

Es ist so leicht,
andere, und so schwierig,
sich selbst zu belehren.

Ich überrasche mich immer selbst.
Das ist das Einzige,
was das Leben lebenswert macht.

Eines Menschen Vergangenheit ist das,
was er ist. Sie ist der einzige Maßstab,
an dem er gemessen werden kann.

Je länger man Leben und Literatur studiert, desto deutlicher empfindet man, dass hinter allem Bewundernswerten das Individuum steht und dass es nicht der Augenblick ist, der den Menschen ausmacht, sondern dass es der Mensch ist, der die Zeit erschafft.

Bildung ist etwas Wunderbares.

Doch sollte man sich

von Zeit zu Zeit daran erinnern,

dass wirklich Wissenswertes

nicht gelehrt werden kann.

Des Lebens Geheimnis –
es liegt in der Kunst.

Reisen veredelt den Geist
und räumt mit unseren
Vorurteilen auf.

Ich reise niemals ohne mein Tagebuch.
Man sollte immer etwas Aufregendes
zu lesen bei sich haben.

Man sollte Anteil nehmen an der Freude, der Schönheit, der Farbigkeit des Lebens. Je weniger man von den Schattenseiten des Lebens spricht, desto besser.

Wenn ich erregt bin, gibt es nur ein Mittel, mich völlig zu beruhigen: Essen.

Die schönen Künste

Die Kunst drückt nichts als sich selbst aus. Das ist der Hauptsatz meiner neuen Ästhetik.

Die Kunst ist das einzig Ernsthafte auf der Welt. Und der Künstler ist der einzige Mensch, der nie ernsthaft ist.

DAS LEBEN AHMT DIE KUNST WEIT MEHR NACH ALS DIE KUNST DAS LEBEN.

ERNST. Die beiden höchsten und edelsten Künste?
GILBERT. Leben und Literatur. Das Leben
und der vollendete Ausdruck des Lebens.

Aus: Der Kritiker als Künstler

Wenn man ein Buch nicht immer
und immer wieder zu seiner Freude lesen kann,
hat es keinen Wert, es überhaupt zu lesen.

Die Freude, die ein Mensch bei der Schaffung eines Kunstwerks empfindet, ist eine ganz persönliche Freude, und um dieser Freude willen allein schafft er. Der Künstler sieht bei der Arbeit nur seinen Gegenstand. Nichts anderes interessiert ihn. Der Gedanke, was die Leute dazu sagen mögen, kommt ihm gar nicht. Er ist von seinem Gegenstand völlig fasziniert. Gegen andere ist er **gleichgültig.**

Vollkommenheit
ist des Künstlers Ziel.

Wer in schönen Dingen
einen schönen Sinn entdeckt –
der hat Kultur.

**Und dennoch können
die Wahrheiten der Kunst
nicht gelehrt werden:**
Sie offenbaren sich – und zwar
denjenigen, die dem Schönen sich
aufgetan haben in ihrem Studium und
ihrer Verehrung aller schönen Dinge.

Es gibt nichts, was **die Kunst** nicht
ausdrücken kann.

Der Weg der Paradoxe ist der Weg der Wahrheit. Um die Wahrheit zu prüfen, müssen wir sie seiltanzen sehen.
Wenn die Wahrheiten Akrobaten werden, können wir sie beurteilen.
Man kann eine Geschichte ihrer Wahrhaftigkeit berauben, wenn man versucht, sie allzu wirklichkeitsgetreu zu gestalten.

So wird jenen,
die die Wahrheit mehr lieben
als die Schönheit, das letzte
Geheimnis der Kunst
immer verborgen bleiben.

Die Kunst entfaltet sich
lediglich in der ihr eigenen Bahn.
Sie ist nie ein Symbol des Zeitalters,
die Zeitalter sind ihre Symbole.

Wenn die Kritiker sich streiten, so beweist dies, dass der Künstler im Einklang mit sich ist.

Durch die Kunst,

die Kunst allein,

erreichen wir

unsere Vollendung.

Die Auserwählten sind die, für die schöne Dinge einzig und allein Schönheit bedeuten.

Ich bewahre mir Kunst als Leben.

Wahre Freunde

Man kann leicht am Leid
des Freundes teilnehmen.
Viel schwerer fällt es, an
seinen Erfolgen Freude
zu haben.

**Zu viel Erfolg irritiert
die besten Freunde.**

Ich möchte lieber

meinen besten Freund

als meinen ärgsten Feind verlieren.

Denn um Freunde zu haben,

braucht man nur gefällig zu sein;

aber wenn ein Mann

keinen Feind mehr hat,

dann muss etwas Erbärmliches

an ihm sein.

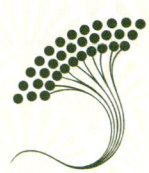

FREUNDSCHAFT
IST WEIT TRAGISCHER
ALS LIEBE.
SIE DAUERT LÄNGER.

**Ein wahrer Freund
ersticht dich von vorne.**

Gute Briefe sind wie gute Freunde.
Sie dürfen es heute eilig haben,
aber sie müssen sich morgen Zeit nehmen.

Zwischen Männern und Frauen ist keine
Freundschaft möglich. Da gibt es nur
Leidenschaften: Feindschaft, Anbetung,
Liebe – aber keine Freundschaft.

CECILY. Wir müssen also Abschied nehmen?
ALGERNON. Ich fürchte ja. Es ist ein sehr schmerzlicher Abschied.
CECILY. Es ist immer sehr schmerzlich, von Leuten Abschied zu nehmen, die man nur sehr kurze Zeit gekannt hat. Die Abwesenheit alter Freunde kann man mit Gleichmut ertragen. Aber auch nur die kürzeste Trennung von jemandem, den man eben erst kennengelernt hat, ist fast unerträglich.

Aus: Bunbury oder Ernst sein ist alles

Die liebe Gesellschaft

Andere Leute
sind einfach schrecklich.
Die einzig mögliche Gesellschaft
hat man an sich selbst.

Mit der Gesellschaft zu leben – welche Qual!
Aber außerhalb der Gesellschaft zu leben –
welche Katastrophe!

Alle charmanten Leute sind verwöhnt, darin
liegt das Geheimnis ihrer Anziehungskraft.

Man kann immer
nett zu jenen sein,
die uns nichts angehen.

Die Menschen nehmen sich selbst zu ernst.
Das ist die Erbsünde der Welt.
Hätte der Höhlenmensch zu lachen verstanden,
wäre die Weltgeschichte anders verlaufen.

Der Gebildete widerspricht
den anderen, der wahre Weise
sich selbst.

Es ist schlimm,
wenn alle über einen reden,
aber es ist noch schlimmer,
wenn keiner über einen redet.

JEDERMANN
SOLLTE EIN TAGEBUCH FÜHREN,
ABER DAS EINES ANDEREN.

Heutzutage kennen die Leute
von allem den Preis und nicht den Wert.

Viele Menschen sind zu gut erzogen,
um mit vollem Mund zu sprechen,
aber sie haben keine Bedenken,
es mit leerem Kopf zu tun.

Er kam prinzipiell zu spät,
da sein Grundsatz lautete,
Pünktlichkeit stehle
einem die Zeit.

Ich mache einen großen Unterschied zwischen den Leuten. Ich wähle meine Freunde nach ihrem guten Aussehen, meine Bekannten nach ihrem guten Namen und meine Feinde nach ihrer gesunden Vernunft. Man kann nicht vorsichtig genug sein in der Wahl seiner Feinde. Ich besitze nicht einen, der ein Dummkopf wäre. Alle sind Menschen von einer gewissen geistigen Fähigkeit, und deshalb schätzen sie mich alle.

Mir sind Menschen
lieber als Prinzipien,
und Menschen ohne Prinzipien
sind mir lieber
als sonst etwas auf der Welt.

Jeder Eindruck,
den man macht,
schafft Feinde.
Um populär zu bleiben,
muss man
mittelmäßig sein.

LADY BRACKNELL. [...] Nun zu weniger wichtigen Dingen. Leben Ihre Eltern noch?

JACK. Ich habe beide Eltern verloren.

LADY BRACKNELL. Ein Elternteil zu verlieren, mag als Unglück gelten; beide zu verlieren, ist fast Schlamperei. Wer war Ihr Vater? Offensichtlich doch ein Mann mit einigem Vermögen. Entstammte er dem Geldadel, wie die radikalen Zeitungen es nennen, oder hat er sich aus einer aristokratischen Familie hochgearbeitet?

JACK. Ich fürchte, so genau weiß ich das eigentlich nicht. Es ist nämlich so, Lady Bracknell, ich sagte, ich hätte meine Eltern verloren. Es wäre vielleicht richtiger zu sagen, dass meine Eltern wohl mich verloren haben zu scheinen ...
Ich weiß eigentlich nichts über meine Abstammung.
Ich wurde ... nun, ich wurde gefunden.

LADY BRACKNELL. Gefunden!

JACK. Der verstorbene Mr. Thomas Cardew, ein sehr wohltätiger und älterer Gentleman, hat mich gefunden und gab mir den Namen Worthing, weil er gerade eine Fahrkarte Erster Klasse nach Worthing in der Tasche hatte. Worthing liegt in Sussex. Es ist ein Badeort.

LADY BRACKNELL. Und wo hat Sie jener wohltätige Gentleman, der eine Fahrkarte Erster Klasse nach diesem Badeort hatte, gefunden?

JACK *(ernst)*. In einer Handtasche.

LADY BRACKNELL. Einer Handtasche?

JACK *(sehr ernst)*. Ja, Lady Bracknell. Ich befand mich in einer Handtasche – einer ziemlich großen, schwarzen Lederhandtasche mit Bügelgriffen – in einer normalen Handtasche eigentlich.

LADY BRACKNELL. An welchem Schauplatz stieß dieser Mr. James oder Thomas Cardew auf diese normale Handtasche?

JACK. In der Gepäckaufbewahrung in der Victoria Station. Es handelte sich um eine Verwechslung.

LADY BRACKNELL. Die Gepäckaufbewahrung der Victoria Station?

JACK. Ja. Am Bahnsteig nach Brighton.

LADY BRACKNELL. Der Bahnsteig ist unwesentlich. Mr. Worthing, ich muss gestehen, ich bin einigermaßen bestürzt über das, was Sie mir da eben erzählt haben. In einer Handtasche geboren oder jedenfalls aufgezogen zu werden, ob sie nun Bügelgriffe hatte oder nicht, scheint mir eine Verachtung der traditionellen Gepflogenheiten des Familienlebens an den Tag zu legen, die einen an die schlimmsten Exzesse der Französischen Revolution erinnert. Und ich darf doch wohl voraussetzen, dass Sie wissen, wozu jenes unglückselige Ereignis führte? Was nun den speziellen Fundort betrifft: Die Gepäckaufbewahrung eines Bahnhofs könnte vielleicht dazu dienen, eine soziale Entgleisung zu verbergen – wahrscheinlich ist sie schon in früheren Zeiten für solche Zwecke benutzt worden –, sie kann aber schwerlich als sicherer Ausgangspunkt für eine anerkannte Position in der guten Gesellschaft gelten.

JACK. Nun, darf ich fragen, was Sie mir raten würden. Ich brauche Ihnen sicher kaum zu sagen, dass ich nichts in der Welt unversucht lassen möchte, Gwendolens Glück sicherzustellen.

LADY BRACKNELL. Ich würde Ihnen dringend raten, Mr. Worthing, sobald wie möglich ein paar Verwandte aufzutreiben und sich nach Kräften zu bemühen, zumindest einen Elternteil, gleich welchen Geschlechts, herbeizuschaffen, noch bevor die Saison vorüber ist.

Aus: Bunbury oder Ernst sein ist alles

Ich verabscheue meine Verwandtschaft.

Das kommt vermutlich daher,
dass unsereins es nicht ausstehen kann,
wenn andere Leute dieselben Fehler
haben wie wir.

EINE FEINFÜHLIGE PERSON
IST EINE PERSON,
DIE IMMER ANDEREN
AUF DIE FÜSSE TRITT,
WEIL SIE SELBST
HÜHNERAUGEN HAT.

Die Anzahl
der Neider bestätigt
unsere Fähigkeiten.

Es gibt nur zwei Arten von Menschen,
die wirklich fesseln –
Leute, die alles wissen,
und Leute,
die überhaupt nichts wissen.

Die Gesellschaft verzeiht
oft den Verbrechern.
Sie verzeiht nie den Träumern.

Die Seele eines Träumers

Ja, ich bin ein Träumer.
Denn ein Träumer ist einer, der seinen Weg nur bei Mondlicht findet, und seine Strafe ist, dass er den Morgen vor der übrigen Welt dämmern sieht.

Nur die Sinne

können die Seele heilen,

so wie nur die Seele

die Sinne heilen kann.

Die Seele des Menschen
ist nicht an eine
Erscheinungsform gebunden.
Es gibt so viele Möglichkeiten
der Vollkommenheit,
wie es unvollkommene
Menschen gibt.

Seine Seele in eine anmutige Form zu gießen und sie einen Augenblick darin verweilen zu lassen; die Ansichten des eigenen Geistes als Echo zurückkehren zu hören, bereichert um den Wohlklang von Leidenschaft und Jugend; die eigene Stimmung dem andern zu vermitteln, als wäre sie ein feines Fluidum oder ein seltsamer Duft: Darin lag eine echte Freude – möglicherweise die am meisten befriedigende Freude, die uns in einer so beschränkten und vulgären Zeit geblieben war, in einer Zeit, die überaus sinnlich in ihren Genüssen und überaus gewöhnlich in ihren Zielen war.

Die Harmonie
von Seele und Leib –
wie viel
das bedeutet!

Alles wird zum Genuss,
wenn man es zu oft tut.

Ab und zu ist es eine Freude,
einen von Wein und Rosen
rot gefärbten Tisch zu haben.

Nach einem guten Kaffee
verzeiht man sogar den Eltern.

Ziel des Lebens ist
Selbstentwicklung.
Das eigene Wesen völlig
zur Entfaltung zu bringen,
das ist unsere Bestimmung.

Es kommt darauf an,

den Körper mit der Seele

und die Seele

durch den Körper zu heilen.

Genuss ist der Prüfstein der Natur,
ist ihr Zeichen der Zustimmung.
Wenn wir glücklich sind,
sind wir immer gut;
aber wenn wir gut sind,
sind wir nicht immer glücklich.

Nichts altert so schnell
wie das Glück.

Ich habe nie das Glück gesucht.
Wer braucht Glück?
Ich habe den Genuss gesucht.

IN FREIHEIT MIT BLUMEN,
BÜCHERN UND DEM MOND –
WER KÖNNTE DA
NICHT GLÜCKLICH SEIN?

Er spielte mit dem Gedanken
und wurde dabei immer eigenwilliger;
er warf ihn in die Luft und formte ihn um;
gestattete ihm zu entkommen
und fing ihn wieder ein; ließ ihn
fantasievoll in allen Regenbogenfarben
schillern und beflügelte ihn mit scheinbar
widersinnigen Behauptungen.

Mit Witz und Verstand

Ich habe gelernt, dass nicht das,
was ich tue, falsch ist,
sondern das, was infolge
meines Handelns aus mir wird.

Nachahmung ist die höchste Form
der Anerkennung.

**Witz ist Intellekt
auf dem Bummel.**

Einen guten Rat gebe ich
immer weiter. Es ist das Einzige, was man
damit machen kann.

Es ist sehr gefährlich zuzuhören.
Hört man zu, kann man überzeugt werden,
und wer sich durch ein Argument
überzeugen lässt, ist ein von Grund auf
unvernünftiger Mensch.

Wissen wäre fatal.
Die Ungewissheit ist es,
die uns reizt. Nebel macht
die Dinge wunderschön.

Wenn Leute mit mir übereinstimmen,
habe ich immer das Gefühl,
ich muss mich irren.
Wenn man mit mir übereinstimmt,
habe ich stets das Gefühl,
dass ich unrecht habe.

Komplimente sind wie Parfüm.

Sie dürfen duften,

aber nie aufdringlich werden.

Der einzige Weg,
eine Versuchung loszuwerden,
ist, ihr nachzugeben.

ICH HABE NIE APPETIT,
WENN ICH NICHT
ZUERST EINE BLUME
FÜRS KNOPFLOCH HABE.

Ein ewig heiterer

Gesichtsausdruck

ermüdet uns auf Dauer

weit mehr

als ein ständisches

Stirnrunzeln.

Sich selbst zu lieben, ist der Beginn
eines lebenslänglichen Romans.

Von Tag zu Tag

fällt es mir schwerer,

auf dem Niveau

blauen Porzellans

zu leben.

Langeweile ist eine Sünde,
für die es keine Absolution gibt.

Von einem Buch vergiftet zu werden,
so etwas gibt es nicht.
Bücher, die die Welt unmoralisch nennt,
sind Bücher, die der Welt
ihre eigene Schande vor Augen halten.

Sie sind ein

erstaunliches Geschöpf.

Sie wissen mehr,

als Sie zu wissen glauben,

geradeso wie Sie

weniger wissen,

als Sie wissen müssten.

Gute Vorsätze sind
Schecks, auf eine Bank
ausgestellt, bei der
man kein Konto hat.

Einige erzeugen Freude,
wohin immer sie gehen;
andere, wann immer sie gehen.

Ich spreche gerne von nichts,
  das ist das Einzige,
    wovon ich wirklich
    etwas verstehe.

Das Unerwartete
zu erwarten,
beweist durchaus
modernen Intellekt.

Unglaubliches

Was den Glauben betrifft,

so vermag ich alles zu glauben,

vorausgesetzt,

dass es ganz und gar

unglaublich ist.

Die Menschheit kann an das Unmögliche glauben, aber an das Unwahrscheinliche wird sie nie glauben.

Was ist unglaubhafter als das, was man einmal so aufrichtig geglaubt hat.
Gibt es etwas Unwahrscheinlicheres als das, was man selbst getan hat?

Es ist manchmal sehr schwer,
wach zu bleiben,
vor allem in der Kirche,
aber Schlafen ist doch
überhaupt nicht schwierig.

Glaubensbekenntnisse werden akzeptiert,
nicht weil sie vernünftig sind,
sondern weil sie wiederholt werden.

Ich glaube nicht an **Wunder.**

Ich habe ihrer zu viele gesehen.

Ich glaube, dass sich Gott,

als er den Menschen erschaffen hat,

gewaltig überschätzt hat.

Skeptizismus ist
der Beginn des Glaubens.

Wir suchen das $\mathtt{Glück}$ in Dingen, Menschen, Geld und Spiel. Wir glauben es gefunden zu haben, bis wir am Ende verbittert feststellen müssen, dass es kein Glück war, woran wir all die Jahre glaubten, sondern ein falsches und unwirkliches Abbild in uns von all dem, woran unsere Sinne glaubten.
Ungläubig stehen wir dann da und erkennen dann noch immer nicht, dass es unser eigenes unerkanntes Glück in uns selbst war, welches in all den Jahren all diesen Dingen, Menschen, Geld und Spiel ein schwaches, trügerisches Abbild seines Selbst schenkte.

Liebe ist das Größte

LIEBE IST NUR EIN WORT,
ABER SIE TRÄGT ALLES,
WAS WIR HABEN.
OHNE SIE WÄRE DIE WELT LEER!

Es ist die Liebe und die Fähigkeit zur Liebe,
die einen Menschen vom anderen unterscheidet.

Ich pflegte Ehrgeiz für das Größte zu halten.
Das stimmt nicht.
Liebe ist das Größte auf der Welt.
Es gibt nichts als Liebe.

Die Liebe nährt sich von der Fantasie,
die uns weiter macht, als wir wissen,
besser, als wir fühlen, edler, als wir sind:
durch die wir das Leben als Einheit
sehen können: durch die,
und durch die allein, wir andere
in ihren realen und ideellen Bindungen
verstehen können.
Nur Schönes und schön Erdachtes
kann die Liebe nähren.

NUR LIEBE
VERMAG ÜBERHAUPT
JEMANDEN
AM LEBEN
ZU ERHALTEN.

Die einzige Art, wie man sich zu einer
Frau verhalten kann, ist, sie zu lieben,
wenn sie hübsch ist, und eine andere
zu lieben, wenn sie es nicht ist.

Ein perfektes **Rendezvous** ist eines,
zu dem weder er noch sie gekommen ist.

Zu einer glücklichen Ehe gehören
meist mehr als zwei Personen.

Wenn man mit einer jungen Dame
vom Wetter redet, vermutet sie,
dass man etwas ganz anderes im Sinn hat.
Und meistens hat sie damit recht.

Das Wesen
der Romantik
ist die
Ungewissheit.

Leidenschaft
verleitet dazu,
im Kreis
zu denken.

CECIL GRAHAM. Eine verheiratete Frau, sieh an! Na ja, nichts ist so schön wie die Hingabe einer verheirateten Frau. Davon kann sich ein verheirateter Mann überhaupt keine Vorstellungen machen.

LORD DARLINGTON. Ach, sie liebt mich nicht! Sie ist eine anständige Frau. Sie ist die einzige anständige Frau, die ich je in meinem Leben getroffen habe.

CECIL GRAHAM. Die einzige anständige Frau, die du je in deinem Leben getroffen hast?

LORD DARLINGTON. Ja!

CECIL GRAHAM *(zündet sich eine Zigarette an)*. Also, dann bist du ein richtiger Glückspilz! Ich jedenfalls habe Hunderte anständige Frauen getroffen. Anscheinend treffe ich ausschließlich anständige Frauen. Die Welt ist bis obenhin vollgestopft mit anständigen Frauen. Der Umgang mit ihnen ersetzt einem die Volkshochschule.

LORD DARLINGTON. Diese Frau besitzt Reinheit und Unschuld. Sie besitzt alles, was uns Männern abgeht.

CECIL GRAHAM. Mein lieber Freund, was sollten Männer um Gottes willen mit Reinheit und Unschuld anfangen? Eine sorgsam ausgesuchte Blume im Knopfloch macht wesentlich mehr Eindruck.

DUMBY. Und sie liebt Sie wirklich nicht?

LORD DARLINGTON. Nein, wirklich nicht!

DUMBY: Dann lassen Sie sich gratulieren, lieber Freund. Es gibt nur zwei Tragödien im Leben. Die eine besteht darin, dass man nicht bekommt, was man sich wünscht, und die andere darin, dass man es bekommt. Das ist wirklich das Schlimmste; das ist eine richtige Tragödie.

Aus: Lady Windermeres Fächer

Männer wollen immer die **erste Liebe** im Leben einer Frau sein, Frauen sind gerne der letzte Roman eines Mannes.

Man sollte immer verliebt sein. Das ist der Grund, warum man nie heiraten sollte.

Herzen sind dazu da,
gebrochen zu werden.

Ah, ohne Liebe ist das Leben nicht
besser als der unbehauene Stein im Steinbruch,
bevor der Bildhauer ihm Gott eingefügt hat.

HEIRATE, WEN DU WILLST,
ABER VERSPRICH MIR,
DASS IMMER ICH
DEIN LIEBHABER SEIN WERDE.

Ich bin offen gesagt
kein Freund langer Verlöbnisse.
Sie geben den Brautleuten
Gelegenheit,
ihren Charakter schon
vor der Hochzeit zu entdecken,
was, wie ich meine,
niemals ratsam ist.

DIE EHE IST EIN VERSUCH,
ZU ZWEIT WENIGSTENS
HALB SO GLÜCKLICH ZU WERDEN,
WIE MAN ALLEIN GEWESEN IST.

Immer in die Liebe verliebt sein.
Eine grande passion
ist das Vorrecht solcher Leute,
die nichts zu tun haben.
Das ist der einzige Vorteil
der müßigen Klassen eines Landes.

— · — · —

Wenn wir durch eigene Hand
oder durch die Hände anderer
verwundet sind,
sollte uns Liebe heilen —
was hätte Liebe sonst
überhaupt für einen Sinn?

Von Göttinnen und Göttern

Alle Frauen werden stets wie ihre Mütter.
Das ist ihre Tragödie. Kein Mann wird so.
Das ist seine.

Frauen sind da, um geliebt, nicht um verstanden zu werden.

Keine Frau sollte ein Gedächtnis haben.
Gedächtnis macht eine Frau altmodisch.
Man kann stets an dem Hut erkennen,
ob sie ein Gedächtnis hat oder nicht.

Die Frauen behandeln uns geradeso,
wie die Menschheit ihre Götter behandelt.
Sie verehren uns und liegen uns ständig
in den Ohren, etwas für sie zu tun.

Für die Frauen ist das Leben viel amüsanter,
weil ihnen so viel mehr verboten ist als uns.

Indiskretion ist etwas,

auf das man sich nur

bei den wenigsten Frauen

verlassen kann.

Ich bin der Meinung, dass die Weiber von allen Eigenschaften des Mannes die Grausamkeit am meisten schätzen, da ihre Instinkte von einer wundervollen Primitivität sind. Wir sind auf dem Wege, sie zu emanzipieren; dessen ungeachtet, werden sie Sklaven bleiben, die gehorsam der Winke ihres Herren harren. Du wirst von einem Weibe nur geliebt werden, wenn du es beherrschst.

WENN EIN MANN GENAU DAS TUT, WAS EINE FRAU VON IHM VERLANGT, HÄLT SIE NICHT SEHR VIEL VON IHM.

Rede mit jeder Frau,
als würdest du sie lieben,
und mit jedem Mann,
als würde er dich langweilen.

ICH LIEBE DIE MÄNNER,
DIE EINE ZUKUNFT,
UND FRAUEN, DIE EINE
VERGANGENHEIT HABEN.

Wenn wir Männer die Frau bekämen,
die wir verdienen, könnte uns
nichts Schlimmeres passieren.

GERALD. Es wäre bestimmt herrlich, zur guten Gesellschaft zu gehören!

LORD ILLINGWORTH. Dazuzugehören ist bloß langweilig. Aber nicht dazuzugehören ist eine Tragödie. Man braucht diese Verbindungen. Kein Mann wird im Leben wirklich Erfolg haben, wenn die Frauen nicht hinter ihm stehen, und Frauen beherrschen nun einmal die Gesellschaft. Wenn Sie die Frauen nicht auf Ihrer Seite haben, sind Sie sofort aus dem Rennen. Dann können Sie ebenso gut Anwalt werden oder Börsenmakler – oder gleich Journalist.

GERALD. Es ist ziemlich schwierig, die Frauen zu verstehen, finden Sie nicht auch?

LORD ILLINGWORTH. Versuchen Sie erst gar nicht, sie zu verstehen, Die Frau ist eine Perle. Der Mann ist das Problem. Wenn Sie wissen wollen, was eine Frau wirklich denkt – wovor ich Sie übrigens nur warnen kann; denn das ist immer gefährlich –, schauen Sie sie nur an, aber hören Sie ihr bloß nicht zu.

Aus: Eine Frau ohne Bedeutung

Männer heiraten, weil sie müde sind,

die Frauen, weil sie neugierig sind.

Beide werden enttäuscht.

Berechnende Frauen werden lästig, anständige langweilig.

Gelehrte Frauen verstehen alles, ausgenommen ihren Mann.

Keine Frau ist ein Genie. Frauen sind ein dekoratives Geschlecht. Sie haben nie etwas zu sagen, aber sie sagen es bezaubernd. Frauen verkörpern den Triumph der Materie über den Geist, so wie Männer den Triumph des Geistes über die Moral verkörpern. […] Ich bin zurzeit gerade dabei, die Frauen zu analysieren, also sollte ich es wissen. Der Gegenstand ist nicht so schwer verständlich, wie ich ursprünglich angenommen hatte. Ich habe herausgefunden, dass es letztendlich nur zwei Arten von Frauen gibt, nämlich die Unscheinbaren und die Geschminkten. Die unscheinbaren Frauen sind sehr nützlich. Will man in den Ruf der Ehrbarkeit gelangen, braucht man sie lediglich zum Abendessen auszuführen. Die anderen Frauen sind ungemein bezaubernd. Doch sie begehen einen Fehler. Sie schminken sich, um möglichst jung auszusehen. Unsere Großmütter schminkten sich, um brillant zu plaudern. […] Solange eine Frau es schafft, zehn Jahre jünger auszusehen als ihre Tochter, ist sie vollkommen zufrieden.

Die Frauen lieben uns wegen unserer Fehler.
Wenn wir deren genügend haben,
werden sie uns alles verzeihen,
selbst unseren gigantischen Intellekt.

FRAUEN BESITZEN EINEN
ERSTAUNLICHEN INSTINKT
FÜR DIE DINGE. SIE ENTDECKEN
ALLES AUSSER DEM, WAS
IN DIE AUGEN SPRINGT.

Die Stärke der Frauen rührt
aus der Tatsache her, dass
die Psychologie sie nicht zu deuten vermag.
Männer kann man analysieren,
Frauen ... nur anbeten.

Der Zauber der Schönheit

Die Suche nach der Schönheit
ist das wahre Geheimnis des Lebens.

DIE MORAL
IST IMMER
DIE LETZTE ZUFLUCHT
VON LEUTEN,
DIE DIE SCHÖNHEIT
NICHT BEGREIFEN.

Besser schön sein als gut,
besser gut sein als hässlich.

Heutzutage spricht zum Beispiel kein wirklicher Gebildeter mehr von der Schönheit des Sonnenuntergangs. Sonnenuntergänge sind ganz aus der Mode. Sie gehören einer Zeit an, da Turner noch tonangebend war. Sie zu bewundern, ist ein untrügliches Zeichen für einen provinziellen Geschmack.

Es ist wichtiger, dass sich jemand
über eine Rosenblüte freut,
als dass er ihre Wurzel
unter das Mikroskop bringt.

Wir leben in einer Zeit, die zu
viel liest, um weise, und zu viel denkt,
um schön zu sein.

Man versehe mich mit Luxus,
auf alles Notwendige
kann ich verzichten.

Die Schönheit hat
so viele Bedeutungen, wie
der Mensch Stimmungen hat.
Die Schönheit ist das Symbol der
Symbole. Die Schönheit offenbart
alles, weil sie nichts ausdrückt.
Wenn sie sich uns zeigt, zeigt sie
uns die ganze feuerfarbene Welt.

Schönheit ist der einzige Wert, dem die Zeit nicht schadet. Philosophische Systeme zersplittern wie Sand, Glaubensdogmen haben schon oft gewechselt, aber wahrhaft Schönes erfreut dauernd, es ist ein Besitz für die Ewigkeit.

Brief an Carlos Blacker,
12. Juli 1897

Mein lieber, alter Freund, ich brauche Ihnen nicht zu sagen, mit welchem Gefühl der Zuneigung und Dankbarkeit ich Ihren Brief gelesen habe. Sie waren mir stets ein treuer Freund und standen mir viele Jahre zur Seite. (...) Im Gefängnis habe ich vieles gelernt, was schrecklich zu lernen war, aber auch einige gute Dinge, die ich nötig hatte. Ich lernte Dankbarkeit; und obwohl ich in den Augen der Welt natürlich ein entehrter und ruinierter Mann bin, so erfüllt mich doch jeder Tag mit Staunen über all das Schöne, das mir geblieben ist: treue und liebevolle Freunde; Gesundheit; Bücher, eine der großartigsten unter den vielen Welten, die Gott jedem Menschen geschenkt hat; der Festzug der Jahreszeiten; die Lieblichkeit von Blatt und Blüte; die silbern verhangenen Nächte und das goldene Dämmerlicht des Morgens.

Oft fühle ich mich sonderbar glücklich. Sie dürfen nicht glauben, ich litte an morbider Traurigkeit oder schwelge willentlich im Negativen, eine Sünde, die Dante so schrecklich bestraft. Es ist mein Wunsch, so intensiv wie eh und je zu leben, und wenn auch mein Herz gebrochen ist, nun – Herzen sind dazu da, gebrochen zu werden. Darum schickt Gott das Leid in die Welt. Das harte Herz ist das Böse im Leben und in der Kunst. Ich habe auch gelernt mitzuleiden. Das Leiden scheint mir jetzt wie ein Sakrament, das alle heiligt, die mit ihm in Berührung kommen. Ich glaube, ich bin jetzt in vielem ein wesentlich besserer Mensch als früher und stelle nun keine unmäßigen Forderungen mehr an das Leben: Ich nehme alles hin und bin überzeugt, es ist gut, wie es ist.

Oscar Wilde.

© 2017 arsEdition GmbH, Friedrichstr. 9, 80801 München
Alle Rechte vorbehalten

Cover: Shutterstock.com / standa-art, Shutterstock.com / Kurdanfell
Fotografien: S. 4: akg-images / Pictures From History,
S. 21: akg-images / Pictures From History, S. 34: akg-images,
S. 61: akg-images, S. 79: akg-images, S. 93: akg-images / De Agostini
Picture Library, S. 95: akg-images
Hintergründe & Vignetten: Shutterstock.com: bomg, greattekat,
leziles, jannet, Pogaryts'kyy, 100ker, Guchici, Gregor Buir, glyph,
Lunetskaya; Getty Images / Thinkstock
Covergestaltung: arsEdition
Gestaltung Innenteil: Eva Schindler, Grafing
Printed by Tien Wah Press
ISBN 978-3-8458-2094-1
1. Auflage

www.arsedition.de